📖 주제

· 욕심 · 야망 · 성취 · 열정

📖 활용 학년 및 교과 연계

초등 과정	1-2 국어	9. 겪은 일을 글로 써요
	2-2 국어	1. 장면을 떠올리며
	3학년 도덕	2. 인내하며 최선을 다하는 생활
	4학년 도덕	3. 아름다운 사람이 되는 길 우리가 만드는 도덕 수업 1. 작은 실천, 아름다운 세상
	4-2 사회	2. 필요한 것의 생산과 교환
	5학년 도덕	1. 바르고 희망차게 가꾸어 가는 나의 삶

초등 첫 인문철학왕
좋은 욕심 나쁜 욕심

초판 1쇄 발행 2023년 3월 30일

글쓴이 정성란 | **그린이** 신성희 | **해설** 손아영
기획편집 이정희 | **편집** 김민애 박주원
디자인 문지현 | **생각 실험 디자인** 이유리

펴낸이 이경민 | **펴낸곳** ㈜동아엠앤비
출판등록 2014년 3월 28일(제25100-2014-000025호)
주소 (03972) 서울특별시 마포구 월드컵북로22길 21, 2층
전화 (편집) 02-392-6901 (마케팅) 02-392-6900 | **팩스** 02-392-6902
홈페이지 www.moongchibooks.com | **전자우편** damnb0401@naver.com | **SNS** 🅵 🄾 🄱

ISBN 979-11-6363-594-9(74100)

※ 잘못된 책은 구입한 곳에서 바꿔 드립니다.
※ 이 책에 실린 사진은 셔터스톡, 위키피디아, 게티이미지뱅크(코리아)에서 제공받았습니다. 그 밖의 제공처는 별도 표기했습니다.

도서출판 뭉치는 ㈜동아엠앤비의 어린이 출판 브랜드로, 아이들의 지식을 단단하게 만들어 주고,
아이들의 창의력과 사고력을 키워 주어 우리 자녀들이 융합형 사고뭉치와 창의뭉치로
성장할 수 있도록 좋은 책을 만들겠습니다.

 욕심

한국 철학교육학회 추천도서

글쓴이 **정성란**   그린이 **신성희**
해설 **한국 철학교육연구원 손아영**

좋은 욕심 나쁜 욕심

욕심이 많으면 나쁜 걸까?

뭉치

'질문'의 힘! '생각'의 힘!
'미래 인재'로 가는 힘!

어린이와 학부모님들께 《초등 첫 인문철학왕》을 추천할 수 있어서 매우 기쁩니다. 어린이들이 이 시리즈를 통해 '나'에 대해, 나와 공동체 사이의 소통에 대해, 세상의 이치와 진리에 대해 마음껏 질문하고 생각하기를 바라기 때문입니다. 그렇게 되면 창의적으로 문제를 해결하는 힘 또한 커질 수 있다고 믿기 때문이지요.

'제4차 산업혁명의 시대'라는 말처럼 우리는 모든 것이 혁신적으로 변화하는 시대에 살고 있습니다. 스마트폰, 인공 지능, 첨단 로봇 등 새로운 기술과 지식이 나오는 속도도 이전과 비교할 수 없을 정도로 빨라졌지요. 세상에 넘쳐나는 지식과 정보는 이제 누구나 쉽게 구할 수 있고, 개인의 두뇌에 담아낼 수 있는 용량을 넘어선 지 오래입니다. 결국 이 시대의 아이들에게 필요한 것은 지식보다는 그 지식을 다루는 지혜와 창의성 아닐까요?

7차 교육과정 개정 이후 학교 교육도 이러한 시대 흐름에 맞추어 미래 사회가 요구하는 인문학적 상상력과 과학기술 창조력을 두루 갖춘 창의융합형 인재를 양성하는 것을 목표로 합니다.

'철학'은 '지혜를 사랑하는'이란 뜻을 가진 말입니다. 이 학문은 여러분처럼 모든 것에 호기심 많았던 철학자들로부터 시작됩니다. 아주 오래전부터 인간, 사회, 자연, 우주, 진리 등 다양한 분야에서 다른 사람들보다 더 깊이, 더 많이, 그리고 아주 끈질기게 했던 수많은 질문과 탐구를 하며 만들어졌습니다.

마치 높은 곳에 올라가면 마을 전체를 내려다볼 수 있는 넓은 시야를 얻게 되듯이, 철학을 한다는 것은 하나의 문제를 더 큰 눈으로 볼 수 있게 되는 것이랍니다. 그러면 어떤 점이 좋을까요? 더 넓게 보는 눈, 더 깊이 있게 보는 눈, 다른 사람들이 생각하지 못한 부분들을 상상하고 찾아낼 수 있는 눈이 생깁니다. 또 우리 앞의 문제들을 자신만의 창의적인 방법으로 해결할 수도 있고, 그 문제를 해결하다가 다른 더 큰 문제를 발견하여 미리 처리할 수도 있습니다.

《초등 첫 인문철학왕》은 바로 그러한 생각의 눈을 아주 활짝 열어 줄 것입니다. 주제와 관련된 재미있는 동화, 이와 연결된 깊이 있는 인문 해설과 철학 특강, 창의·탐구 활동 등으로 구성된 시리즈는 아이들이 세상에 넘쳐 나는 지식을 지혜롭게 다루는 힘을 길러서, 문제해결력을 갖춘 창의적 인재로 성장할 수 있게 해 줄 것입니다.

그러니 이 책을 읽으며 여러 분야에서 떠오르는 호기심과 질문들을 혼자만 가지고 있지 말고 친구, 가족과도 나누어 보시길 바랍니다. 모두가 질문하고 생각하는 힘이 생긴다면, 어려운 문제들을 함께 해결해 나가는 공동체를 만들 수 있겠지요?

이 책을 읽는 여러분들 모두, 그런 멋진 공동체를 하나둘 만들어 나가는 지혜로운 미래 인재가 되기를 기대합니다.

이지애 드림
(이화여대 철학과 부교수, 한국 철학교육 학회 회장)

초등 첫 인문철학왕
이렇게 활용하세요!

생각 실험

생각 실험은 어떤 사실을 알기 위해 여러 가지 실험과 사례를 연구하는 것이에요. 철학이나 자연 과학 분야 등에서 널리 사용되는 방법이에요. 권마다 주제에 관련된 실험, 유명한 인물의 사례 등을 읽으며 상상력과 문제 해결력을 키워 보세요.

만화 & 동화

인문 철학 주제별로 아이들의 생활 세계 속 이야기, 패러디 동화 등이 다양하게 펼쳐져요. 처음과 중간은 만화, 본문은 그림 동화로 되어 있어서, 재미난 이야기에 푹 빠질 수 있어요.

인문철학왕되기

오랫동안 어린이들과 함께 철학 수업을 연구하고 진행해 온 한국 철학교육연구원 소속 교수와 연구진들이 집필했어요.

소쌤의 철학 특강, 인문 특강, 창의 특강으로 구성되었어요. 주제와 이야기 안에 숨겨진 철학적 문제들에 대해 함께 답을 찾아갈 수 있도록 깊이 있는 토론과 특강, 그리고 재미있는 활동으로 구성되었어요.

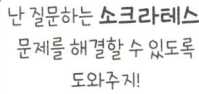

난 질문하는 **소크라테스**! 문제를 해결할 수 있도록 도와주지!

난 **뭉치**. 같이 생각하고 토론하지!

난 늘 창의적인 **새롬**이!

난 생각이 깊은 **지혜**!

교과 연계

각 권마다 최신 개정 교과서 단원과 연계되어 교과 학습에 도움이 되도록 구성되었어요. 권별로 확인하세요.

이 책의 차례

추천사 ··· 4

구성과 활용 ································· 6

생각 실험 햇빛 한 줌의 행복 ································· 10

만화 무턱대고 욕심부리다가 ································· 20

나도 상 많이 탈 거야 ································· 22
- **인문철학왕되기1** 욕심이 뭘까?
- **소쌤의 창의 특강** 욕심은 나쁜 게 아니야!

상 받기는 정말 어려워! ································· 44
- **인문철학왕되기2** 욕심, 욕구는 어디에서 오는 걸까?
- **소쌤의 인문 특강** 나의 취미가 자연환경에 영향을 끼친다고?

| 만화 | 사람에게는 얼마만큼의 땅이 필요한가? 64

현명한 재판관 72
- 인문철학왕되기3 상보다 의미 있는 것?
- 소쌤의 철학 특강 남의 물건을 훔쳤는데 욕심이 아니라고?

친구보다 상장? 상장보다 친구! 92
- 인문철학왕되기4 만일 나라면?
- 쓰기활동 욕심쟁이 놀부에게 편지 쓰기

생각실험

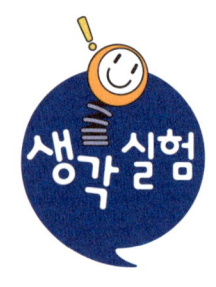

햇빛 한 줌의 행복

그리스의 철학자 디오게네스는 알렉산더 대왕의 친구로부터 초대를 받았어요. 그 친구는 자신이 하고 싶은 일은 어떠한 방해를 받지 않고도 할 수 있을 만큼 아주 풍요로운 생활을 하고 있었답니다.

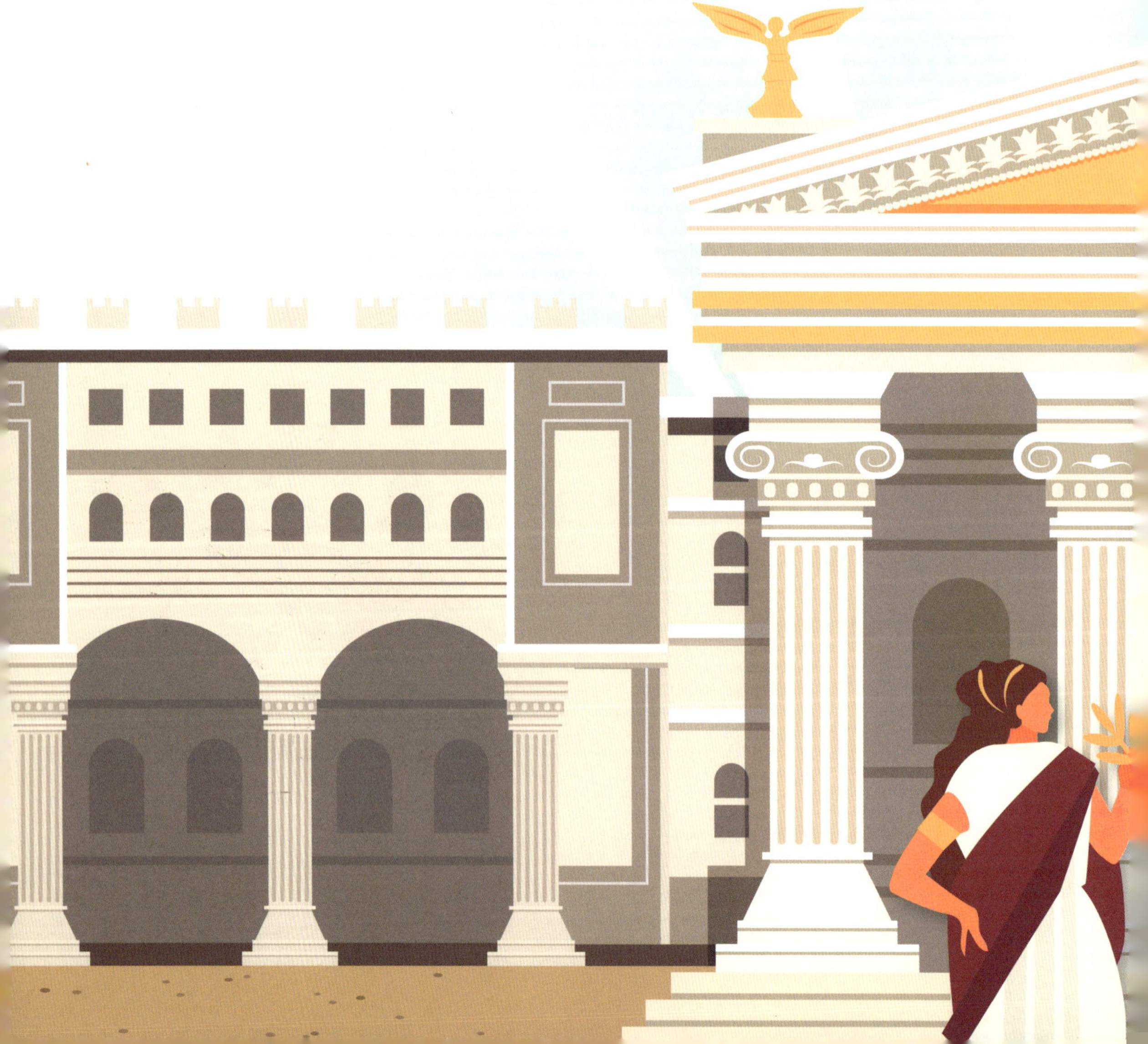

그 친구의 집은 소문대로 으리으리했으며
화려한 정원과 온갖 보석들로 꾸며져 있었어요.
**알렉산더 대왕의 부자 친구는
자신이 갖고 있는 것들을 끊임없이 자랑**했어요.

나보다 부자인 사람, 나와 보라고 그래!

끝없는 욕심으로 가득 차 자기 자랑만 일삼는
**부자 친구의 얼굴에 디오게네스는
침을 뱉었어요.**
부자 친구가 당황하며 이게 무슨 무례한 짓이냐고
화를 내었지요.

그러자 디오게네스는 이렇게 말했어요.
"당신의 집이 너무 깨끗하여 내가 가래침을
뱉을 만한 곳이 아무리 둘러보아도 없군요.
**욕심과 위선으로 가득 찬 당신의 얼굴만이
쓰레기통으로 보여서** 그곳에 침을 뱉었을 뿐입니다."

디오게네스는 **행복이란 인간의 자연스러운
욕구를 가장 쉬운 방법으로 만족시키는 것**이라고 했어요.
이때 자연스럽다는 것은
남 보기에 부끄러울 것 없는 상태를 말합니다.
쓸데없는 욕심을 부리지 않고 사는 삶을 말하지요.

알렉산더 대왕은 아주 누추한 곳에서 살고 있는
디오게네스를 직접 찾아간 적이 있어요.

나는 용돈을
많이 받았을 때
행복하던데.

햇빛 좀
가리지
마시오.

알렉산더 대왕이 디오게네스에게
필요한 것이 없냐고 묻자
디오게네스는 이렇게 말했다고 해요.
**"한쪽으로 조금만 비켜 주시오.
그래야 따뜻한 햇빛을 받을 수 있습니다."**

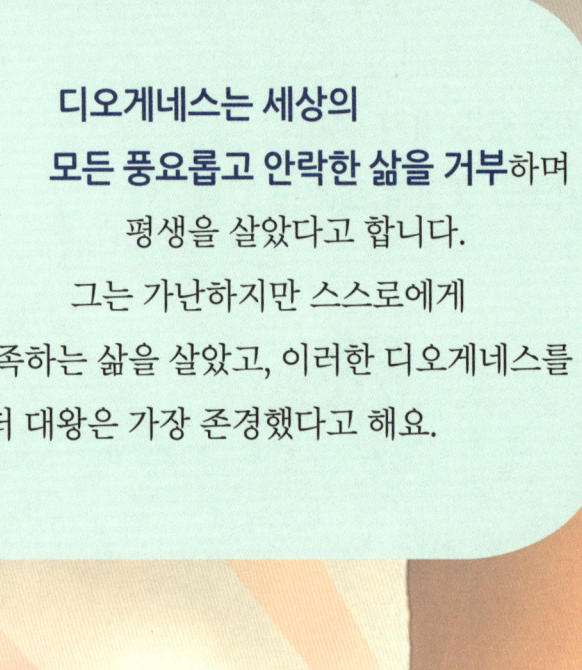

디오게네스는 세상의
모든 풍요롭고 안락한 삶을 거부하며
평생을 살았다고 합니다.
그는 가난하지만 스스로에게
만족하는 삶을 살았고, 이러한 디오게네스를
알렉산더 대왕은 가장 존경했다고 해요.

여러분도 디오게네스처럼
욕심 없이 살 수 있나요?

> 난 불가능해요.
> 디오게네스는 특별한 사람이니까
> 그렇게 욕심 없는 게
> 가능하다고요.

> 난 나보다 더 어렵게 사는
> 사람들을 생각하면서
> 너무 욕심부리지 않도록 노력해 볼래요.

2학년이 되어 학교에 가는 첫날입니다. 유나는 마음이 설레었어요. 교실로 향하는 유나의 얼굴엔 미소가 번졌습니다.

"어?"

교실에 들어서자마자 마주친 얼굴이 낯익었어요. 갸웃거리던 유나는 금세 고개를 끄덕였습니다. 집에서 나와 학원에 갈 때 엘리베이터에서 몇 번 본 얼굴이었어요.

"안녕? 너 19층에 이사 왔지?"

유나가 웃으며 인사를 했어요.

"응, 맞아."

"난 김유나야. 넌?"

"이효정."

효정이가 굳었던 표정을 풀고 살짝 웃으며 인사했어요.

"같은 아파트로 이사 온 데다 같은 반이 되다니!"

유나는 신기한 마음마저 들었어요. 수업 시간에도 힐끗힐끗 효정이 쪽을 보았습니다. 효정이도 고개를 돌려 유나를 봤어요. 눈이 마주칠 때마다 둘은 약속한 듯 서로 미소를 지었어요.

수업을 마치자 효정이가 얼른 유나 곁으로 왔습니다.

"같이 가도 돼?"

"당연하지."

유나가 웃으며 말했어요.

"엘리베이터에서 너 봤을 때, 나랑 같은 학년 아닐까 했어."

"진짜? 나도 설마 했는데."

얘기를 하다 보니 유나는 효정이가 예전부터 알고 지내던 친구라도 되는 것처럼 편했어요. 놀이터가 보이자 둘은 약속한 것처럼 달려갔습니다.

"늦으면 술래!"

유나가 소리치자 효정이가 유나를 잡으려고 달렸어요. 번갈아 '얼음!', '땡!' 하며 뛰어다니다 보니 숨이 턱턱 막혔습니다.

이번에는 그네를 타러 갔어요. 힘껏 발판을 구르며 깔깔댔지요.

내기를 한 것도 아닌데 서로 높이 올라가려 애를 썼습니다.
 어느새 아이들이 하나둘 놀이터로 몰려들었어요. 개학식 날이라 오전 수업만 마치고 일찌감치 하교한 터라 고학년 언니 오빠들까지 삼삼오오 모여들었습니다. 아침나절 텅 비어 있던 시소와 미끄럼틀, 철봉을 아이들이 차지했고, 공놀이하는 남자아이들까지 있었어요. 공이 철망으로 된 울타리에 부딪칠 때마다 철망이 마구 요동쳤습니다.
 "여기서 왜 공놀이를 하는 거야. 위험하게."
 "저 글씨가 안 보이나 봐."

유나가 연두색 철망에 붙은 '공놀이는 하지 마세요'라고 적힌 팻말을 고갯짓으로 가리켰습니다.

"저기 점퍼 입은 애 있잖아. 이름이 허준모거든. 쟤 좀 조심해."

공놀이하는 아이들 가운데 덩치가 큰 준모를 가리키며 유나가 말했어요.

"파란색 점퍼 입은 애? 난 오빠인 줄 알았지 뭐야? 이사 온 지 얼마 안 돼서 공놀이하는 거 구경하는데 뭘 보냐고 소리치는 거 있지? 같은 학년인 줄 알았으면 한마디 해 주는 건데."

효정이가 억울한 듯 말했어요.

"쟤가 있으면 놀이터에서 맘대로 놀지도 못한다."

유나는 지난겨울, 눈놀이할 때를 떠올렸습니다. 눈을 굴리며 친구들과 놀고 있는데 준모가 나타나 큰 소리로 말했어요.

"이 놀이터가 다 너희 거냐? 나는 뭘 갖고 놀라고!"

준모는 눈을 뭉쳐서 유나와 친구들이 만든 눈사람에 연달아 던졌어요. 친구들이 놀라서 물러나자 눈사람을 마구 짓밟기도 했지요. 아무도 준모한테 대들지 못했습니다. 덩치가 고학년 오빠들만 했고, 거기다 목소리까지 커서 소리를 지를 때면 무섭기까지 했으니까요. 그 후부터 유나는 준모만 보면 피해 다녔어요.

"아참, 지금 몇 시지? 피아노 갈 때 됐을 것 같은데."

유나가 그네의 속도를 늦추며 말했어요.

"2시 다 돼 가."

주머니에서 꺼낸 휴대 전화를 들여다보며 효정이가 말했어요.

"나중에 같이 또 놀자."

"그래. 시간 될 때 전화해."

효정이는 유나가 불러 주는 번호를 저장했습니다.

둘은 서둘러 달려서 같은 아파트 105동 안으로 들어갔고, 엘리베이터 안에서 인사를 나눈 뒤 헤어졌어요.

5층에서 내린 유나는 집 현관문을 열자마자 가방을 던졌어요. 그러고는 우다다다 계단으로 뛰어 내려갔습니다. 엘리베이터가 19층까지 갔다 오려면 시간이 많이 걸릴 것 같아서요. 다행히 학원에도 늦지 않았고, 제시간에 왔다고 칭찬까지 받았어요.

집에 돌아온 유나는 곧바로 효정이 번호를 저장했습니다. 그러고는 그동안 친구들과 주고받은 대화를 다시 읽어 보았어요. 저장된 번호가 많지 않아 대화를 주고받은 기록도 별로 없었어요. 그래서인지 대화를 나누던 상황이 거의 다 생각났습니다. 자기도 모르게 미소도 짓고, 낄낄거리기도 했어요.

문자 메시지 앱에 새로 등록한 효정이가 '새 친구'로 등록되었어요. 유나는 반가운 마음에 효정이가 프로필에 저장해 놓은 사진을 한 장 한 장 넘겨 보았습니다.

"응?"

유나는 깜짝 놀랐어요. 상장 사진이 눈에 띄어 세어 보니 무려 7장이나 되었기 때문이에요!

"어떻게 이렇게 많이 받았지?"

1학년 때 상장을 1개 받은 유나로서는 7장이나 되는 상장을 받은 효정이가 정말 대단해 보였어요. 부럽기도 했습니다. 다른 사진을 보다가도 자꾸 상장 사진을 보고 또 보곤 했어요.

'효정이는 좋겠다.'

유나는 입술을 깨물었어요.

'그나저나 오디션 구경하러 간 언니는 언제 오지? 그런 거 구경하고 있다 보면 언니도 연기하고 싶을 텐데.'

그 시간, 유나 언니 제나는 청소년 센터에서 상반기에 올릴 연극 오디션에 참가하고 있었어요. 연기하는 걸 무척 좋아해 학교 내 연극부에서 활동하고 있지만, 직접 연기를 하는 오디션에는 처음 참가하는 터라 제나는 무척 떨렸습니다.

갑자기 오디션에 참가하겠다는 전화에 엄마는 회사에 휴가를 내고 달려왔어요.

"아, 떨려. 너무너무 떨려 엄마."

제나는 목소리도 떨리고, 볼도 발갛게 변했어요.

"무대에서 떨리지 않는 사람이 어딨어? 배우들도 연기할 때마다 다들 떨린다던데."

엄마가 제나의 어깨를 감싸 안으며 용기를 북돋워 주었어요.

"아직 무대에도 안 올라갔는데 왜 떨리지? 무대에 설 생각만 해도 떨리는데 내가 왜 오디션 참가 신청을 했을까? 어휴."

제나가 후회스런 표정으로 말했어요. 하지만 이내 이렇게 말했습니다.

"근데 이상한 건, 마음 한쪽에선 이번 오디션을 안 보면 엄청 후회할 것 같은 거야. 자꾸 연기를 하고 싶고. 그런데 엄마, 이거 욕심 아냐?"

"욕심 없는 사람이 어딨어. 욕심은 에너지 같은 거야. 자동차로 비교하자면 엔진 같은 것?"

"에너지라고?"

"그럼. 사람이 욕심 덕분에 달나라에도 가고 우주여행도 꿈꾸는 거 아니겠니?"

엄마의 말에 제나는 고개를 끄덕였어요.

"음…… 알았어. 잘해 볼게."

제나는 어깨를 펴고 대본을 보며 연습했어요.

제나 바로 앞 순서로 연기하는 중학생 언니를 감독님은 팔짱을 낀 채 진지한 표정으로 지켜보고 있었습니다. 옆에 설치된 카메라를 통해 지켜보는 분과 이야기를 주고받기도 했어요. 제나는 많은 사람들이 연기하는 모습을 보고 있다는 것이 참으로 부담스러우면서도 짜릿했어요.

드디어 제나 차례가 되었어요. 엄마는 제나의 손을 꼭 잡아 주었습니다. 제나는 마음을 가다듬고 심호흡을 한 다음 무대 위로 올라갔어요.

"돈 자루를 잃어버리셨다고요?"

무대에 오르기 전 그토록 떨었던 제나는 막상 무대에 오르자 금세 대본 속 소년이 되었어요. 웅성거리던 사람들도 조용히 제나의 연기를 지켜보았습니다.

"아, 고맙다는 말을 듣기는커녕 오히려 돈을 물어 주게 되었구나. 이런, 어쩌면 좋지? 어디서 500냥이나 되는 큰돈을 구할 수 있을까?"

절망적으로 외치는 소년의 모습에서 더 이상 제나는 찾을 수 없었어요. 감독님의 입가에 미소가 어렸고, 카메라를 지켜보던 사람들도 고개를 끄덕였습니다.

　마침내 연기가 모두 끝나고, 제나가 소년 역을 맡게 되었다는 소식이 전해질 때까지 제나는 모든 것이 꿈만 같았어요.
　"어휴, 정말 믿어지지가 않네. 제나야, 이거 꿈 아니지?"
　"그런가 봐. 내가 오디션에 합격하다니!"
　엄마도 제나도 기쁘면서 얼떨떨했어요.
　제나는 아빠한테, 엄마는 유나한테 전화해 믿기 어려운 소식을 전했어요. 통화가 끝나자 제나는 비로소 갑작스레 오디션에 참가한 사실과, 소년 역을 맡아 연극을 하게 되었다는 사실이 실감났습니다.

삐삐삐.

현관문 비밀번호 누르는 소리에 이어 두런두런 이야기 소리가 들리자 유나는 엄마와 언니가 도착했다는 걸 알았어요.

"언니, 축하해! 연극하게 된 거."

언니를 보자마자 유나가 말했습니다.

"고마워. 근데 아직 출연 확정은 아냐. 감독님이 마지막으로 잘 생각해 보고 부모님과 상의도 해 본 다음에 결정하라고 했어."

"제나야, 정말 좋은 기회잖아. 초등학교 때 연극을 해 보는 건 흔치 않은 경험이야. 더구나 그 어려운 오디션도 통과했잖아. 엄마는 적극 찬성이야."

"하지만 무대에서 덜덜덜 떨면 어쩌지? 창피해서 쥐구멍에 들어가고 싶을 텐데. 아, 모르겠다."

언니는 한숨을 쉬며 방으로 들어갔어요.

"엄마, 언니 오디션 최종 합격한 거 아니었어?"

유나가 언니의 뒷모습을 보며 물었어요.

"처음엔 그냥 구경하러 갔는데 자기도 너무너무 하고 싶다면서 전화가 왔지 뭐니. 아무래도 엄마가 옆에 있어야 할 것 같아서 택시를 타고 달려갔지. 근데 정말 잘하더라. 내가 감독이라도 제나

시켰을 것 같아. 주인공은 아니지만 꽤 중요한 역할이거든. 근데 저렇게 떨린다고 난리다. 하고 싶어서 도전할 땐 언제고."

"언니는 좋겠다. 오늘은 부러워하는 날인가 봐. 언니도 부럽고 효정이도 부럽고."

유나가 한숨을 쉬며 말했어요.

"효정이? 효정이가 누구야?"

"19층에 이사 온 애. 글쎄 우리 반이지 뭐야."

"어머나, 그런 우연이 다 있어? 어쩐지 너하고 비슷한 또래일 것 같더라니."

엄마가 놀랍다는 듯 말했어요.

"근데 엄마. 걔, 천잰가 봐."

"뭐, 천재?"

엄마는 의아한 표정으로 유나를 보았어요.

"상장을 7개나 받았지 뭐야."

"난 또 뭐라고. 그렇다고 천재라니."

엄마는 웬 엉뚱한 말이냐는 듯 웃으며 말했어요.

엄마는 별것 아니라는 듯 말했지만 유나의 머릿속에는 7장이나

되는 상장 사진이 자꾸만 떠올랐습니다. 그 상장에 이효정 대신 김유나라고 쓰여 있는 상상도 해 보았어요.

1학년 때 상을 받던 순간도 떠올랐어요. 스물두 명 가운데 딱 다섯 명. 그 가운데 유나가 있었어요. 다들 상 탄 친구들을 보며 부러워했고, 선생님도 활짝 웃으며 상장을 주었지요.

"나, 결정했어!"

갑자기 방문이 열리더니 언니가 큰 소리로 말했어요.

"엄마, 나 해 볼래. 떨려도 꾹 참고 해 볼래. 안 하면 나중에 엄청 후회할 것 같아."

언니는 큰 결심이라도 한 듯 말했습니다.

"그래. 잘 생각했어."

엄마가 언니 어깨를 톡톡 치며 말했어요.

"언니, 연극하면 상도 받아?"

유나가 물었어요. 언니는 어이없다는 듯 어깨를 으쓱했어요.

"상보다 더 의미 있는 거야. 적어도 지금 나한테는."

언니는 알 수 없는 말을 했습니다.

"상도 못 받는 걸 왜 해? 떨린다면서."

유나는 이해할 수 없었어요.

"유나는 친구가 상을 많이 받아서 부러운가 봐."

엄마는 언니를 향해 웃으며 말했어요.

"상? 너 상 받고 싶어? 얼마 후에 우리 학교 개교기념일이라서 무슨 대회 한다던데 그때 잘 해 봐."

"정말? 무슨 대회야? 그림이야, 뭐야? 설마 달리기 같은 거?"

"글쎄, 그건 잘 모르겠는데? 암튼 선생님이 얘기하시는 거 얼핏 들었어. 개학하고 얼마 있다가 개교기념일이니까 곧 선생님이 얘기하실 거야."

"와, 고마워."

언니는 연기를 하게 된 사실에 마음이 들떠서 학교 행사는 관심이 없는 것 같았어요. 하기야 언니는 지금까지 상을 많이 받아 왔어요. 더구나 이제는 연기를 한다고 엄마 아빠의 관심을 독차지하고 있으니, 유나는 언니가 얄밉기도 하고 부럽기도 했습니다.

'나도 이번에 꼭 상 받아서 엄마 아빠를 놀라게 해 주고 싶다.'

언니가 알려 준 대회 소식은 유나의 가슴속에 희망의 싹을 돋아나게 했습니다. 벌써 상을 탄 것처럼 유나는 가슴이 설레었어요.

'이번에 꼭 타고 싶어. 꼭 탈 거야, 꼭.'

유나는 주먹을 불끈 쥐었습니다.

욕심이 뭘까?

욕심이란 자기 분수에 넘치게 무엇을 탐내거나 누리고자 하는 마음을 뜻해요.

 친구가 상을 많이 받은 게 그렇게 부러운 일인가?

 누구나 상을 많이 받고 싶어 하지 않을까?

 그래, 나도 이왕이면 무엇이든 잘해서 상을 많이 받고 싶어. 뭉치 너는 그렇지 않아?

 그래? 그럼 뭉치 네가 잘하는 것은 뭔데? 궁금하네.

 무엇이든 잘한다는 게 어떻게 가능하냐? 그건 욕심이지. 사람마다 잘하는 것이 따로 있는 거지!

 글쎄, 장난치는 거? 히히!

 어휴, 그런 거 말고. 뭉치야, 너도 생각해 봐. 네가 잘해서 상 받고 싶은 게 있었는지.

 난 그런 거 없어. 난 나 자신에 만족하거든.

소쌤의 창의특강

욕심은 나쁜 게 아니야!

상을 타고 싶어 하는 유나의 마음은 좋지 않은 욕심일까?

상을 타고 싶다는 마음을 가지고 열심히 노력하면 누구든 상을 탈 수 있을 거라고 생각해. 그래서 **"욕심은 에너지 같은 것"**이라고 하지. 무엇인가를 이루어 낼 수 있는 힘을 준다는 의미에서 욕심은 나쁘기만 한 게 아니란다.

욕심과 비슷한 말로는 욕망이나 야심, 야망 등이 있단다. 유나의 마음을 "상을 타고 싶은 욕망"이라고 바꿔 말할 수도 있겠지.

욕심, 욕망, 야망의 공통점은 무엇인가를 얻고자 한다는 점이야.

이런 마음이 있기 때문에 새로운 경험을 할 수도 있고 새로운 것을 성취함으로써 기쁨을 맛볼 수도 있단다.

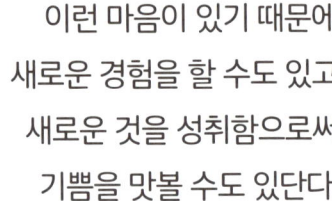

다음에서 욕심을 내서 '얻을 수 있는 것'과 '얻을 수 없는 것'을 구분해 보렴. 그리고 그 욕심들이 좋은 것인지 좋지 않은 것인지도 생각해 보려무나.

- 남들보다 더 많은 것을 배우고 싶은 욕심
- 음악을 한 번만 듣고 연주하고 싶은 욕심
- 친구를 내 마음대로 조종하고 싶은 욕심
- 상을 받고 싶다는 욕심
- 맛있는 음식에 대한 욕심

욕심으로 얻을 수 있는 것 :

욕심으로 얻을 수 없는 것 :

상 받기는 정말 어려워!

"개교기념일을 맞아 '우리 학교'를 주제로 대회를 엽니다. 글쓰기와 그림 그리기 가운데 한 가지를 선택할 수 있어요."

드디어 선생님이 대회 이야기를 했습니다.

"선생님, 동시도 돼요?"

"당연히 되죠. 그리고 그림 그리기를 선택한 친구들은, 학교에 있는 색연필이나 사인펜 말고 집에 있는 걸 가져와서 써도 돼요."

그림과 글쓰기 중에서 어떤 걸 해야 상을 탈 수 있을지 유나는 고민이 되었습니다. 미술 학원에 다니는 친구들은 대개 그림 그리기를 선택했어요. 유나도 미술 학원에 다니고 있다면 망설임 없이 그림을 선택했겠지만, 아무래도 이번 대회에서는 글쓰기가 나을 것 같았어요.

"유나야, 넌 뭐 할 거니?"

앞에 앉은 미주가 돌아보며 물었어요.

"동시 쓰려고."

"어, 나도인데. 동시가 제일 짧고 편해."

미주가 잘 선택했다는 듯 말했어요.

"효정아, 넌 뭐 할 거야?"

급식실 가는 길에 유나가 물었어요.

"대회 때? 아직 못 정했어."

효정이가 고개를 가로저으며 말했어요.

'효정이는 글쓰기와 그림 모두 자신 있어서 결정을 못 하고 있구나. 하긴 뭐, 먼저 다니던 학교에서 7개나 상을 탔으니까 분명 우리 학교에서도 탈 거야.'

그런 생각이 들자, 자신도 상을 타고 싶다는 생각이 머릿속을 가득 채웠습니다.

주말이 되자 유나는 엄마와 함께 도서관에 가기로 했어요. 늘 엄마가 먼저 가자고 청했는데, 유나가 도서관 얘길 먼저 꺼내자 놀라는 눈치였어요.

"난 연극 연습 때문에 못 가는 거 알지?"

제나가 두 손을 깍지 껴서 위를 향해 쭉 펴면서 말했어요.

"연습은 잘 돼 가? 재밌어?"

"생각보다 훨씬 재밌어. 중요한 배역을 맡아서 아직도 좀 떨리긴 하는데 안 했다면 후회했을 것 같아."

언니 표정에 미소가 떠올랐어요.

늘 함께 가던 언니가 빠졌지만 유나는 오히려 즐거웠어요. 엄마가 언니와 함께 갈 때보다 유나를 더 챙겨 주었거든요.

유나는 어린이 자료실에 도착하자마자 동시집 코너로 향했어요.

생각보다 동시집이 무척 많았어요. 책꽂이 한쪽 면이 전부 동시집으로 들어차 있었습니다. 유나는 한 권씩 꺼내 들고 살펴보았어요. 몇 권 살피다 보니 동그란 금딱지가 붙어 있는 책이 눈에 띄었습니다. 상을 탄 시집이었어요.

상을 탄 동시집이잖아!

"이거야!"

유나는 책을 꺼내 들고 읽어 보았어요. 상을 탄 동시를 모아 놓은 책이어서인지 한 편 한 편 멋져 보였습니다. 유나는 그 가운데 제일 마음에 드는 시를 골라 공책에 옮겨 적었어요.

다음 날, 대회는 4교시에 시작되었어요. 선생님이 흰 종이를 나눠 주며, 그림을 그리든 글을 쓰든 시작하라고 했습니다. 고개를 돌려 보니 효정이도 글을 쓰는지 연필을 잡고 있었어요.

'아휴, 왜 하필 글이야?'

유나는 효정이가 글쓰기를 선택한 것이 왠지 불만스러웠어요. 자기도 모르게 한숨을 내쉬며 종이를 폈어요. 그러고는 도서관 책에서 베껴 외운 동시를 쓰기 시작했습니다. 한 자 한 자 정성을 다해 썼어요.

"어! 김유나 잘 쓰는데? 마치 시인이 쓴 것 같아."

짝꿍 주혁이의 말에 유나는 흠칫 놀랐어요.

'시인이 쓴 것 같다고?'

처음 그 말을 들었을 때는 기분은 좋았어요. 바라고 바라던 상을 탈 수 있겠다는 생각에 말이에요. 그런데 자꾸 마음이 불편해졌습니다.

'오래된 책에서 베껴 쓴 거라서 선생님도 모르실 거야. 그 많은 시를 선생님이 다 읽어 봤을 리가 없어.'

유나는 스스로를 위로했습니다. 그러자 차츰 마음이 편해지는 기분이었어요.

수상자를 발표한 것은 일주일도 더 지난 후였어요. 그런데 수상자 이름에 유나는 빠져 있었어요. 유나는 너무나 속상했습니다. 정말 멋진 시를 정성껏 써 냈는데 말이지요. 상을 타기 위해 도서관에까지 갔고, 동시를 외우느라 고생했는데 상을 타지 못하다니. **그나마 위로가 되는 것은 효정이도 상을 타지 못했다는 사실이었어요.**

"상을 받은 친구들, 모두 축하해요. 하지만 상은 이번 대회에서 조금 뛰어난 친구들한테 주는 것일 뿐이에요. 앞으로도 대회는 많이 있고, 그때는 또 그 대회에서 뛰어난 친구들이 상을 받겠지요. 그러니까 이번에 상을 못 받았다고 해서 너무 실망하지 않았으면 해요."

선생님은 상을 받지 못한 친구들의 얼굴에서 섭섭한 표정을 읽은 것 같았습니다.

"한 가지, 심사한 선생님들이 당부한 걸 전할게요."

선생님 표정이 잠시 어두워졌어요.

"이번에 낸 그림과 글 가운데에는, 어른의 작품을 흉내 낸 게 있었어요. 심지어는 똑같이 옮긴 것도 있었고요. 그런 것들은 아무리 훌륭해도 상을 줄 수가 없어요. 자기 것이 아니니까요."

유나는 얼굴이 화끈거렸어요. 왜 자신이 상을 타지 못했는지 알 것 같았습니다. 대회가 끝난 후에 왜 마음이 그렇게 불편했는지도요. 너무 부끄러웠어요.

"다음번에도 글로 쓰거나 그림으로 표현하는 대회가 있을 거예요. 미리 준비하는 것도 좋겠지요?"

선생님이 얘기하신 다음 대회에서는 꼭 상을 타겠다고, 남의 실력이 아니라 내 실력으로 타겠다고 유나는

다짐했어요. 그때는 그림을 선택해야겠다는 생각도 했어요. 이번 대회에서 부끄러운 행동을 했다는 것 때문에 글쓰기 말고 다른 걸 하고 싶었습니다.

엄마가 퇴근하길 기다렸다가 유나는 미술 학원에 다니고 싶다고 얘기했어요.

"학원에 다니겠다고?"

엄마는 스스로 학원에 다니겠다는 유나의 말에 깜짝 놀랐어요. 지금까지는 늘 엄마가 권해서 학원을 정하곤 했거든요. 엄마는 더 묻지 않고 집 근처 미술 학원에 등록시켜 주었습니다.

미술 학원에 간 첫날, 유나는 학원에서 효정이를 만났어요. 유나처럼 첫 수업이라는 말에, 효정이도 상 타려고 미술 학원에 다니는 거라고 유나는 멋대로 생각했습니다.

매일은 아니지만 일주일에 하루, 유나는 효정이와 같은 시간 수업에 참여했어요. 그때마다 반갑기도 했고, 왠지 긴장이 되어서 열심히 했습니다.

미술 선생님은 상냥하고 친절했어요. 옷도 늘 멋지게 입고 다녔고요. 매번 수업 때마다 바뀌는 화려한 목걸이와 귀고리도 유나의 마음에 꼭 들었습니다.

"미술 수업 재밌지? 선생님도 예쁘고."

효정이도 미술 선생님이 마음에 드는 눈치였어요.

미술 수업을 마치면 바로 피아노 학원에 가야 하는 유나를 보며 효정이는 아쉬워했어요. 함께 놀고 자전거도 타고 싶다는 말을 노래 부르듯 했습니다. 함께 수업한 날은 피아노 학원 앞까지 배웅도 해 주었고요.

학원을 거의 다니지 않는 효정이를 부러워하면서 유나는 피아노 학원 계단을 올라갔지요. 피아노를 치면서도, 혼자 자유롭게 자전거를 타고 다니는 효정이 생각을 할 때가 많았습니다.

그날도 유나는 피아노 수업을 마치고 건물 계단을 내려오고 있었어요. 학원 앞에서 효정이가 기다리고 있었습니다.

"우리 같이 자전거 타자."

"자전거?"

사실 유나는 자전거를 잘 타지 못했어요. 그래서 자전거 타는 친구들이 부러웠지요. 유나는 효정이와 오랜만에 자전거 보관 장소에 갔습니다. 하도 오랜만이라 자기 자전거가 어디에 있는지 한참 찾아야 했어요.

"어, 보조 바퀴 안 뗐네."

효정이가 웃으며 말했어요.

"난 자전거 잘 못 타."

"뭐 어때? 가자."

효정이는 보조 바퀴를 달고도 달릴 수 있는 넓은 길로 앞서 달렸습니다. 유나는 힘껏 페달을 밟으며 효정이를 따라갔고요.

오랜만에 자전거를 타고 달리니 상쾌했어요. 평소에 자전거를 즐겨 타는 효정이는 유나를 살피면서 속도 조절을 했어요.

"초딩이 웬 보조 바퀴냐? 완전 한심한 수준이네!"

준모였어요. 목소리가 커서 놀이터에 있던 사람들이 모두 유나를 쳐다볼 정도였습니다. 준모의 말에 아이들이 깔깔대고 웃었어요. 유나는 창피했어요.

"야, 허준모!"

갑자기 효정이가 자전거를 탁 세우더니 준모한테 다가갔어요. 공을 차려던 준모가 엉거주춤 서서 효정이를 바라보았습니다.

"네가 자전거를 그렇게 잘 타? 나하고 저기 언덕 올라가기 시합할래? 너처럼 덩치 큰 애는 내가 금방 앞지를 수 있거든?"

"뭐?"

갑작스런 제안에 준모는 당황한 게 틀림없었어요.

"보조 바퀴 달았다고 놀리는 거 보니까 자전거 잘 타는 것 같아서 그래. 한번 겨뤄 보자. 나도 자전거라면 자신 있거든."

효정이는 자신만만한 목소리로 말했어요. 준모는 더 당황한 것

같았습니다.

"됐거든. 이, 이거 안 보이냐? 공놀이하는 중이잖아!"

준모는 허둥거리다가 함께 놀던 아이들을 향해 소리쳤어요.

"야, 간다. 받아!"

준모가 공을 뻥 차며 소리쳤습니다.

"시합하고 싶으면 언제든지 말해!"

효정이는 가뿐하게 자전거에 올라타며 말했어요.

"바, 바보 같은 전학생하고 내가 자전거를 왜 타!"

준모는 이렇게 말하더니 공놀이에 집중하는 체했어요. 유나는 픽, 웃음이 나오는 걸 참았어요. 왠지 가슴이 시원했습니다. 지난번 눈놀이하다가 준모 때문에 얼었던 마음이 사르르 다 녹는 것 같았어요.

"허준모한테 시합을 걸다니, 너 정말 대단하다."

놀이터를 벗어나자 유나가 말했어요. 더 이상 보조 바퀴 단 게 창피하지 않았습니다.

둘은 신나게 아파트 단지를 돌았어요. 언덕을 오를 때는 힘들기도 했지만 생각보다 아주 즐거웠습니다.

"우리 청소년 센터에 한번 가 볼까?"

유나가 멀리 보이는 뾰족한 교

회 지붕을 가리켰어요. 센터는 교회 옆 건물에 있어요. 다행히 길이 꽤 넓어서 둘은 나란히 달렸습니다.

"언니가 여기서 연습하고 있을 거야."

센터 앞에 자전거를 세우고 유나는 입구의 문을 열었어요. 사람들이 바쁘게 오가고 있었어요. 유나가 여기저기 기웃거리자 네모난 카드 목걸이를 목에 걸은 언니가 다가왔습니다.

"우리 언니가 연극 연습하러 여기 매일 오거든요."

"지하로 내려가 봐요. 방해하면 안 되니까 조용히."

언니가 손가락을 입에 대며 말했어요. 유나는 인사를 하고 효정이 손을 잡았어요. 계단으로 내려가는데 연습하는 소리가 점점 가까워졌습니다.

"저기, 하늘색 티셔츠 보이지? 우리 언니야."

유나는 창 안으로 보이는 언니를 가리켰어요. 반가운 마음에 손을 흔들었지만 언니는 연습에 열중해서 보이지 않는 듯했습니다.

"듣고 싶은데 잘 안 들린다."

효정이가 답답하다는 듯 말했어요. 둘은 좀 더 가까이 다가갔어요. 나중에는 창문에 얼굴을 바짝 대고 구경했습니다. 어찌나 진지한 모습들인지 마치 진짜 공연 중인 것 같았어요.

한참 만에야 연습이 끝났는지 사람들이 긴장을 풀고 웃으며 서로 박수를 쳤습니다.

"거기! 너희들은 누구냐?"

갑자기 모자를 쓴 아저씨가 유나네를 보고 다가오며 물었어요. 유나는 꾸벅 인사를 했어요.

"유나야, 너 여기 웬일이야?"

그제야 눈치챈 제나 언니도 유나를 보더니 놀란 표정으로 다가왔어요.

"김제나 동생이구나. 너도 나중에 연극 한번 해 볼래? 제나 닮았으면 잘할 것 같은데."

모자 쓴 아저씨가 웃으며 말했어요.

"너희 이제 베프 됐구나? 학원도 같이 다닌다더니 여기도 같이 오고."

유나와 효정이를 보며 언니가 말했어요.

"자자, 연습 다시 시작합시다!"

모자 쓴 아저씨가 손뼉을 치면서 말했습니다. 그러자 언니는 서둘러 물병을 열어 물을 마셨어요.

"유나야, 공연이 얼마 안 남아서 연습 더 하고 가야 되니까 먼저

가. 엄마한테도 전화했어."

언니가 물병을 잠그며 말하고는 효정이를 보았어요.

"효정아, 나 공연할 때 너도 꼭 와."

언니의 초대에 효정이 얼굴이 환해졌어요.

"그때 나랑 같이 오자."

유나는 효정이를 향해 웃으며 말했어요. 언니한테 들은 '베프'라는 말 때문일까요? 왠지 부쩍 효정이와 친해진 느낌이 들었어요. 효정이도 같은 생각을 하고 있을까요?

욕심, 욕구는 어디에서 오는 걸까?

상을 탄 동시집이잖아!

욕심이 없는 사람도 있을까요?
돈을 많이 가진 사람도 욕심을 계속 내고,
또 아무리 어리고 순수한 아이라도
욕심은 부리지 않나요?

그렇지. 살아 있는 모든 것은 욕심을 낼 수밖에 없다는 것이 많은 철학자들의 의견이란다.

욕심은 동물들도 내잖아요. 장난감을 뺏으려 하거나 먹이를 못 먹게 하면 화를 내던데요?

그렇겠네요. 예를 들어 먹을 것에 대한 욕심이 없다면 굶주릴 수밖에 없고 생명을 연장하기 힘들 거예요.

유나가 상을 받고 싶어 하는 것은 부모님의 사랑을 받고 또 더 능력 있는 사람이 되고 싶다는 자연스러운 욕망 때문이네요.

유나는 상을 받고 싶다는 욕심에 부끄러운 행동을 한 거야. 남의 글을 그대로 옮겨 적었잖아.

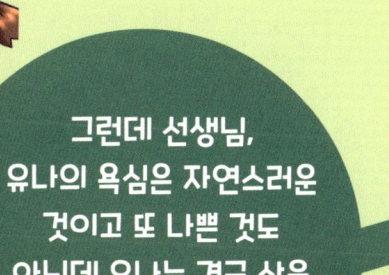
그런데 선생님, 유나의 욕심은 자연스러운 것이고 또 나쁜 것도 아닌데 유나는 결국 상을 받지 못했잖아요? 유나의 잘못은 무엇일까요?

소쌤의 인문 특강
나의 취미가 자연환경에 영향을 끼친다고?

영국인 토마스 오스틴은 새로운 인생을 시작하기 위해 1831년 가족들과 함께 영국의 식민지 호주로 이민을 갔단다. 오스틴은 호주에 잘 적응하며 지냈지만 호주에 토끼가 없다는 사실을 알고는 무척 실망했어. 왜냐하면 오스틴은 꿩과 메추라기 그리고 토끼 사냥을 무척 즐겼기 때문이지.

오스틴은 생각 끝에 자신의 즐거움을 채우기 위해 영국에 있는 조카에게 연락하여 토끼 24마리를 호주로 보내 달라고 했단다.

그런데 문제는 토끼가 새끼를 아주 많이 낳는다는 데 있었어. 토끼들은 굴을 파고 농작물을 망쳤기 때문에 농부들은 토끼를 아주 귀찮아했어. 농부들은 사냥꾼을 고용해 토끼를 잡아오면 포상금을 주기도 했지만, 토끼가 사라지면 직업을 잃게 될까 봐 걱정한 사냥꾼들은 토끼를 풀어 주거나 안전한 곳으로 옮겨 놓기도 했어. 나랏일을 하는 공무원들까지도 나서서 토끼의 수를 줄이려고 애썼지만 소용없었단다.

토끼 수를 줄이기 위해 1938년 와당섬에서 이뤄진 토끼 전염병 발생 실험
(출처: 호주 국립 박물관)

1900년대 뉴사우스웨일스주에서 잡힌 토끼들 (출처: 호주 국립 박물관)

물론 토끼가 호주인들에게 도움을 준 점도 있었다고 해. 1929년 호주에 대공황이 일어나자, 많은 사람들이 실직을 하고 수입이 없어서 굶어죽을 위기에 놓였거든. 이때 많은 호주 사람들은 토끼를 키우며 돈도 벌고 식량으로 이용했지.

그러나 대공황이 끝난 후 다시 토끼는 호주의 골칫거리로 남게 되었단다. 토끼의 수는 계속 늘어났고 목초지가 파괴되거나 땅이 깎여 무너지는 등 자연이 파괴되는 피해를 입었다고 해. 이렇게 한 사람의 욕심을 채우기 위한 행동은 다른 지역 자연환경에 엄청난 영향을 끼치게 되었어.

따라서 우리는 '내'가 하고 싶고, 꼭 하려는 일이 다른 사람이나 자연환경에 미치는 영향은 없을지 생각할 필요가 있단다.

사람에게는 얼마만큼의 땅이 필요한가?

톨스토이의 단편 소설 「사람에게는 얼마만큼의 땅이 필요한가?」에는 다음과 같은 이야기가 나옵니다. 자기만의 넓은 땅을 갖고 싶었던 농부 '파흠'의 이야기지요.

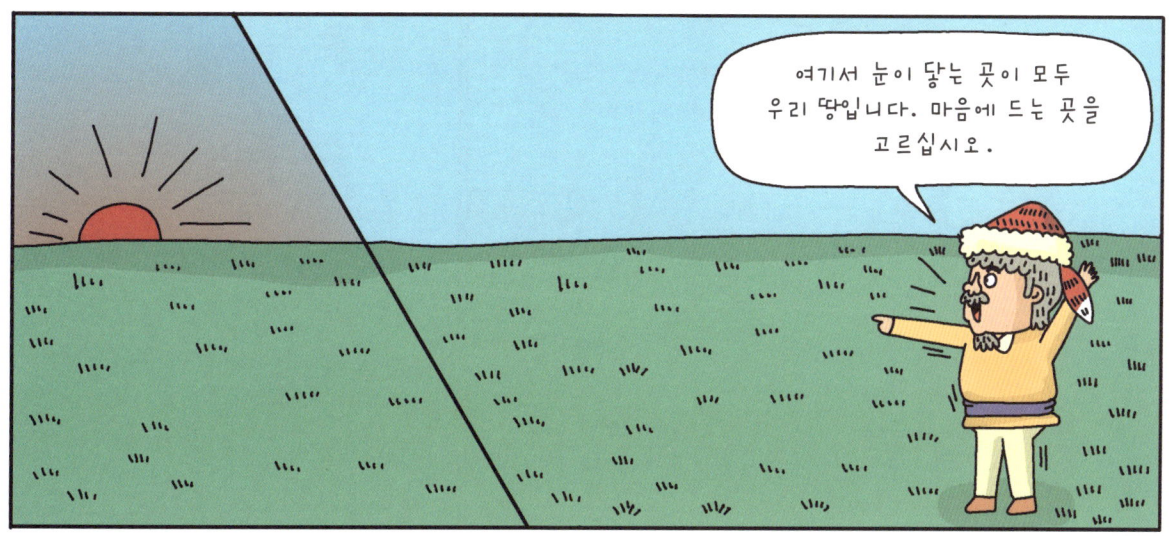

현명한 재판관

제나가 출연하는 연극이 무대에 오르는 날입니다. 유나는 이모 그리고 엄마와 함께 일찌감치 집을 나섰어요. 엘리베이터에서 내리자 저 앞에서 기다리고 있는 효정이가 보입니다. 효정이는 예쁜 꽃다발을 손에 들고 있었어요.

"안녕하세요?"

효정이가 공손하게 인사를 하자 엄마는 인사성이 밝다면서 칭찬을 했습니다. 유나는 웃으며 효정이 손을 잡았어요.

"왜 내가 이렇게 떨리는지 몰라."

엄마는 집을 나서기 전부터 떨린다는 말을 반복했어요. 무대에 서는 당사자도 아닌데 왜 떨리냐며 이모는 어이없어 했지요.

"나도 이렇게 떨리는데 제나는 얼마나 떨릴까?"

"걱정 마. 좀 떨지는 몰라도 잘할 거야. 연기하는 거 무지 좋아하던데, 뭐."

이모가 엄마를 위로했습니다. 하지만 엄마는 센터에 도착할 때까지 몇 번이나 떨린다는 말을 더 했는지 모릅니다. 그때마다 이모는 위로도 하고, 가끔은 어이없다는 듯 웃기도 했어요.

"와, 사람들 많네."

센터 바깥은 물론이고, 안에도 사람들이 꽉 들어차 있었어요. 일찍 도착했는데도 표를 사려는 사람들이 길게 줄을 서 있었어요.

유나네는 맨 끝에 서서 차례를 기다렸습니다. 좌석표를 받고 들어가 보니 앞에서 두 번째 줄이었어요.

"이렇게 가까이서 공연을 보는 건 처음이야."

효정이는 들뜬 표정을 감추지 못했습니다. 옆에 앉은 엄마는 두 손을 꼭 쥐고 주변을 살펴보았어요. 혹시 제나 모습이 보이지 않을까 찾는 것 같았어요.

언니는 지난밤 잠이 오지 않는지 깜깜한 거실을 몇 번이나 왔다 갔다 했다고 했어요. 그 모습을 보았기에 엄마는 더 언니 걱정을 하는지도 모릅니다.

"제나가 소년 역할이랬지?"

"응. 극이 진행되고 좀 있다가 나올 거야."

엄마의 말에 이모는 고개를 끄덕였어요.

"아, 너무너무 떨려."

효정이도 두 손을 모아 쥐면서 엄마와 똑같은 말을 했어요.

"뭐야, 이효정, 넌 왜 떨리는데?"

유나는 웃음이 났습니다.

다들 무대에 서는 제나 언니의 심정을 헤아리고 있는 걸까요? 사실 유나도 많이 긴장되었어요.

빈자리들이 거의 다 채워질 즈음, 청바지에 모자를 쓴 아저씨가 종이를 한 장 들고 나타났어요.

"바쁘신 가운데에도 저희 공연을 보기 위해 와 주신 모든 분들께 깊이 감사드립니다. 부족하더라도 아낌없는 격려와 박수 부탁드립니다."

사람들이 박수를 치며 응원했어요. 유나도 효정이도 손바닥이 아프도록 박수를 쳤습니다. 객석의 불이 꺼지자 박수 소리도 잦아들기 시작했어요.

마침내 극장 안이 조용해지고, 차츰 무대가 밝아졌습니다.

무대 위로 여러 가지 팔 물건들을 앞에 두고 있는 상인 차림의 사람들이 바쁘게 오고갔어요. 그때, 한 남자 어른이 다급한 걸음으로 무대 안쪽에서 나오며 소리쳤습니다. 드디어 연극이 시작된 것입니다.

"아이고 내 돈! 내 돈 자루가 없어졌어!"

비교적 잘 차려입은 아저씨였어요. 돈이 든 자루를 잃어버렸다는 말에 물건을 사고팔던 사람들이 하나둘 모여들었습니다.

"돈 자루를 잃어버렸다고?"

"잃어버릴 게 따로 있지. 돈 자루를 잃다니."

사람들이 웅성거렸어요. 아저씨는 지나가는 사람을 붙잡고 하소연했습니다.

"이보시오, 제발 내 돈 자루 좀 찾아 주시오. 부탁이오."

아저씨는 울상이 되어 사정하듯 말했습니다.

"자루에 넣을 정도면 많은 돈일 텐데!"

"그거 주운 사람은 얼씨구나 하고 줄행랑을 쳤겠지, 주인 찾아 주려고 하겠어?"

한 상인이 말했어요. 상인의 말에 아저씨는 철퍼덕 주저앉았습니다.

"아이고, 그 돈이 어떤 돈인데. 내 피 같은 돈인데. 아이고!"

아저씨는 절망한 듯 땅바닥을 치며 부르짖었습니다. 아저씨는 정말 큰돈을 잃은 사람처럼 실감 나게 연기를 잘했어요. 관객들도 숨을 죽이고 무대를 바라보았지요.

"이럴 때가 아니지."

아저씨는 벌떡 일어나더니 품에서 종이를 한 장 꺼냈습니다. 어디에 종이를 붙이면 좋을지 두리번거리면서요. 한 사람이 아저씨가 들고 있던 두루마리를 펴서 큰 소리로 읽었습니다.

"돈 자루를 찾아 주신 분께 자루에 든 돈의 절반을 드립니다."

종이에 쓰인 글을 듣던 사람들이 놀라워했어요. 돈 자루를 줍기만 해도 많은 돈이 생긴다니!

유나는 자기도 모르게 무대를 샅샅이 살펴보았습니다. 자기도 모르게 무대 어딘가에 돈 자루가 감추어져 있지 않을까 하는 생각이 들었거든요.

무대 위 시장 사람들도 여기저기 살피며 웅성거렸습니다. 어떤 사람은 자기가 파는 물건을 뒤져 보기도 하고, 어떤 사람은 자기 옷의 주머니를 탈탈 털어 보기도 했어요. 사람들이 너나없이 웅성거리며 찾고 있을 때였습니다.

"돈 자루를 잃어버리셨다고요?"

한 소년이 나타나 큰 소리로 물었어요.

유나는 갑자기 소름이 쫙 끼쳤습니다. 언니였어요! 소년으로 분장을 했고, 목소리도 평소와 다르게 쩌렁쩌렁했지만 제나 언니가 분명했어요!

"효정아, 우리 언니야."

유나가 효정이한테 귓속말로 일러 주었어요. 그제야 알아챈 효정이는 눈을 동그랗게 뜬 채 열린 입을 다물지 못했어요. 모르는 사람이 보면 정말 남자 배우인 줄 알겠더라고요.

소년으로 분장한 언니는 자루를 아저씨한테 내밀었습니다. 아저씨는 소년에게서 자루를 빼앗듯이 받아 살펴보았어요.

"아이고, 맞네. 맞아! 내 돈 자루가 틀림없어. 고맙네, 고마워."

아저씨는 돈 자루에 입을 맞추었습니다. 그러고는 옆눈으로 소년을 바라보며 뭔가를 중얼거렸어요.

"돈 자루를 찾아 좋긴 한테 오백 냥이나 뺏기게 생겼네. 아유, 아까워 죽겠네."

아저씨는 생각을 거듭하더니 자

루 안을 열어 돈을 열심히 세어 보았어요. 그러고는 짐짓 엄한 표정으로 말했습니다.

"네가 이 돈 자루에서 천 냥을 미리 꺼내 갔구나?"

아저씨의 말에 소년은 깜짝 놀란 얼굴이었어요.

"전 이 돈 자루를 열어 보지도 않았어요. 주운 즉시 주인을 찾아 주려고 뛰어다녔다고요."

소년이 억울해하며 말했어요.

"거짓말 말아라. 이 자루에는 원래 2천 냥이 들어 있었다. 그런데 지금 1천 냥밖에 없는 걸 보니까 네가 미리 사례비를 챙겨 간 게 틀림없어. 내 더 이상 문제 삼지 않을 테니 가져간 돈 중에 5백 냥만 돌려다오."

"뭐라고요?"

소년은 말도 안 된다는 표정으로 아저씨를 바라보았습니다.

"주인 찾아 주려고 뛰어다녔는데, 고맙다는 말은커녕 오히려 돈을 물게 되었네. 5백 냥이나 되는 큰돈을 어디서 구하지? 아, 정말 큰일이네."

소년은 절망한 표정으로 허공을 바라보았습니다.

무대가 점점 어두워져 가는데, 소년의 눈에서는 금방이라도 눈물이 뚝뚝 떨어질 것 같았어요. 유나는 자기도 모르게 화가 났어요. 하마터면 아저씨를 향해 "나쁜 욕심쟁이!" 하고 소리를 지를 뻔했지요.

어두운 무대에서 발자국 소리, 물건을 놓거나 옮기는 소리들이 났습니다. 무슨 소리일까 생각하며 귀 기울이고 있을 때 다시 무대가 천천히 밝아졌어요.

밝아진 무대는 재판정으로 바뀌어 있었습니다. 재판관은 책상을 앞에 놓고 앉아 있었고, 아저씨와 소년이 옆쪽에 서 있었지요. 아저씨와 소년을 번갈아 바라보는 재판관의 표정은 날카로우면서도 엄숙해 보였어요. 재판관은 먼저 아저씨를 향해 물었습니다.

"이 돈 자루에 근천 냥이 들어 있었던 게 확실한가?"

"그럼요. 틀림없고말고요."

아저씨가 고개를 끄덕이며 말했어요. 이번에는 소년을 향해 재판관이 물었습니다.

"너는 이 자루에서 단 한 푼도 손대지 않았다고 맹세할 수 있느냐?"

"맹세합니다."

소년은 크고 또렷한 목소리로 말했고, 재판관은 고개를 끄덕였습니다.

"판결을 내리겠다."

재판관은 아저씨와 소년을 번갈아 바라보더니 말했어요.

"상인은 근천 냥이 든 자루를 잃어버렸고, 이 소년은 1천 냥이 든 자루를 주웠다. 그렇다면 이 돈 자루는 상인이 잃어버린 자루가 아닌 게 틀림없다."

아저씨의 눈이 휘둥그레졌습니다. 표정이 굳어 있던 소년도 놀란 표정으로 재판관을 쳐다보았어요.

재판관은 이어서 말했습니다.

"따라서 1천 냥이 든 이 자루는 한 달 동안 주인을 기다려 본 후에, 주인이 나타나지 않으면 이 소년에게 절반인 5백 냥을 주도록 하겠다. 그리고 나머지 5백 냥은 가난한 이웃을 위해 쓰도록 할 것이다."

소년의 얼굴에 미소가 피어났어요. 재판을 지켜보던 사람들도 환호를 지르며 박수를 쳤습니다. 엄지를 치켜드는 사람도 있었고, 만세를 부르는 사람도 있었어요. 커튼이 내려와 무대를 완전히 덮은 뒤에도 사람들의 박수 소리는 오랫동안 이어졌습니다.

"와, 김제나! 연기 정말 잘한다."

이모가 박수를 치며 말했어요. 엄마는 감격했는지 손수건으로 눈물을 훔쳤습니다.

효정이도 활짝 웃으며 힘껏 박수를 쳤어요. 유나 역시 소년으로

분장한 언니가 너무나 자랑스러워 눈물이 찔끔 날 정도였습니다. 아니, 언니가 연기한 소년이 욕심쟁이 아저씨의 나쁜 계략(어떤 일을 이루기 위한 꾀나 수단.)에 말려들지 않게 되어 나온 안도의 눈물 같기도 했어요.

무대를 가렸던 커튼이 다시 올라가자 구경하던 사람들은 자리에서 일어나 환호를 하면서 "브라보!"를 외치고 박수를 쳤습니다. 연극에 참여했던 사람들이 모두 무대에 나와 인사를 했어요.

제나 언니도 비로소 긴장이 풀렸는지, 인사할 때는 환하게 웃고 있었어요.

"와, 너희 언니 너무 멋있어."

효정이가 두 손을 모으며 말했어요.

"떨린다더니 순 거짓말이었나 봐."

유나는 연습 기간 내내 긴장했던 언니가 막상 무대에서는 떨지도 않고 웃으며 서 있다는 게 신기했습니다. 무대 인사가 끝나고 나서 효정이는 예쁜 꽃다발을 언니에게 주었어요. 기념 사진도 여러 장 찍었지요. 소년으로 분장한 채 꽃다발을 안고 좋아하는 언니는 텔레비전에서 본 스타 같았습니다.

"너무 멋져. 언니, 나 사인 받고 싶어."

효정이가 감동한 얼굴로 말했어요.

"아직 사인이 없어. 나중에 만들게 되면 너한테 맨 먼저 사인해 줄게."

언니가 웃으며 말했습니다.

"제나야, 그렇게 걱정하더니 아까 보니까 조금도 안 떨더라."

"막상 무대에 서니까 아무렇지도 않더라고."

이모의 말에 언니가 웃으며 말했어요.

"제나 너, 무대 체질인가 보다."

"그런가?"

언니가 깔깔대고 웃으며 말했어요. 행복해하는 언니의 모습을 보니 유나도 행복했습니다. 연기하는 것이 상보다 더 의미 있다고 했던 언니의 말이 어떤 뜻인지 조금은 알 것 같기도 했어요.

인문철학 왕 되기

상보다 의미 있는 것?

자기가 원하는 일을 열심히 하고 난 뒤의 기쁨 아닐까요?

유나는 언니를 보면서 '상보다 더 의미 있는 게 있다.'는 걸 깨달았잖아. 난 그게 유나에게 참 중요한 깨달음인 것 같아.

상보다 의미 있는 거? 그게 뭐지?

너희들, 아주 맞는 말들만 하는구나. 욕심과 관련하지 않더라도 상보다 의미 있는 게 이 세상에는 많이 있지. 어떤 것들이 있는지 생각의 폭을 넓혀 볼까?

노력을 하면 내가 욕심내는 것을 해낼 수 있다는 것, 한편으로는 욕심을 내면 안 되는 것도 있다는 것, 이런 거 아닐까?

욕심을 절제할 줄도 알아야 한다는 것도 거기에 속할 것 같아.

소쌤의 철학특강

남의 물건을 훔쳤는데 욕심이 아니라고?

임꺽정은 중종 임금이 다스리던 조선 시대에 활동한 도둑이란다. 하지만 임꺽정은 다른 도둑들과는 달리 많은 사람들로부터 영웅으로 취급받았어.

임꺽정은 자신의 욕심을 채우려고 도둑질을 한 게 아니라, 힘없고 가난한 사람들을 돕기 위해 부자들의 물건만 훔쳤기 때문이란다.

당시 조선 시대의 부자들은 막대한 부와 권력을 갖고도 끊임없이 자신들의 욕심을 채우기에 바빴어. 가난한 농부들에게 땅을 빌려 주고 세금을 엄청나게 뜯어 갔고, 그 돈으로 또다시 땅을 사들였단다.

임꺽정은 가난한 사람들을 괴롭히는 권력자들의 집에만 들어가서 물건을 훔쳤어. 그리고 그렇게 훔친 물건들을 자신의 재산을 부풀리는 데 사용하지 않고 어려운 사람들에게 나누어 주었단다.

강원도 철원읍에 있는 고석정 입구의 임꺽정 동상

그래서 임꺽정은 가난한 백성들 사이에서 '의로운 도둑'으로 불렸지.

백성들은 임꺽정을 응원하며 임꺽정의 활동을 돕기도 하였단다. 임꺽정이 관리들에게 잡힐 위기에 처하면 그를 피신시키기도 하고, 또 관리들의 물건을 훔치는 그의 활동을 직접 돕기도 했지. 관리들은 더 이상 참지 못하고 많은 군사들을 풀어서 임꺽정과 그를 돕는 자들을 체포하려고 했어. 임꺽정은 백성들과 많은 사람들의 도움으로 몇 번의 위험한 상황을 넘길 수 있었지만, 결국 군사들에게 포위되어 죽음에 이르게 된단다.

임꺽정은 자신이 가난하고 힘들게 살았기 때문에 백성들의 괴로움을 이해할 수 있었고, 힘 있는 자들에게 대항하는 용기를 낼 수 있었던 거야.

도둑인데, 칭찬받다니!

친구보다 상장?
상장보다 친구!

 허겁지겁 가방을 멘 유나가 엘리베이터에서 내렸을 때입니다. 1층에서 기다리고 있던 효정이가 큰 소리로 인사를 했어요.
 "같이 가면 심심하지 않고 좋을 것 같아서."
 "고마워! 다음엔 내가 먼저 나와서 기다릴게."
 유나는 기분이 좋아졌어요. 누군가가 자신을 기다려 준다는 건 생각보다 무척 기쁜 일이었어요. 그 일 하나만으로도 유나는 하루 종일 기분이 좋았으니까요. 수업 시간도 매우 짧게 느껴질 정도였습니다.
 "다음 주에 독서 감상문 대회가 있어요. 인상 깊게 읽은 책 가운데 한 권을 골라서 느낌을 글로 적거나 그림으로 표현하는 겁니다. 저번에 해 봤지요? 글쓰기와 그림 그리기 가운데에서 자신 있는 걸로 선택하면 돼요."

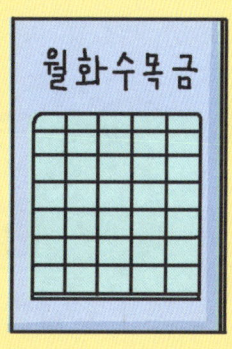

 선생님은 책을 읽어 보고 미리 어떤 걸 쓸지, 어떤 걸 그릴지 생각해 오라고 했어요.

 "선생님, 동시도 되죠?"

 "당연하지요."

 선생님의 답에 많은 친구들이 좋아했어요.

 "에이, 무슨 대회를 또 하냐? 난 할 것도 없는데."

 미주가 귀찮다는 듯 기지개를 켜면서 말했어요.

 "자주 하는 것도 아니잖아?"

 먼젓번에 상을 탔던 민재는 자신감이 넘쳐 보였습니다.

"유나야, 너도 그림 그릴 거지?"

효정이가 물었어요. 유나는 고개를 끄덕였습니다.

기다리던 대회가 열리고, 상 탈 생각을 하니 마음이 설레었어요. 하지만 한편으로는 걱정도 되었습니다. 효정이만 상을 받는 상황을 상상하니 기운이 쑥 빠지는 느낌이었어요. 유나는 생각을 털어 버리려는 듯 고개를 흔들었습니다.

"유나야, 선생님께 도와 달라고 할 거야?"

"스케치를 한 다음에 선생님께 어떤지 여쭤 보려고 해."

효정이는 아직 책을 못 정했다면서 한숨을 내쉬었지만, 유나는 이미 책을 정해 둔 상태였어요. 지난번에 선생님이 독후감 이야기를 할 때부터요. 그래서인지 어서 빨리 대회 날이 오면 좋겠다는 생각이 들었습니다.

미술 학원에 다니게 되면서 유나는 그림 그리는 걸 참 좋아하게 되었어요. **처음에는 상을 탈 목적으로 미술 학원에 다니게 되었지만, 점점 그림 그리는 일 자체가 즐거워졌습니다.** 수업 시간 1시간이 금세 지나가곤 했지요.

"벌써 두 시간 가까이 되어 가는데?"

그림을 완성하고 나면 선생님은 놀리듯 말하곤 했어요.

즐거운 일을 할 때는 시간이 금세 지나간다는 걸 유나는 알고 있습니다. 그만큼 재밌기도 했고, 재밌으니까 집중했기 때문이겠지요. 무언가를 배우면서 그런 경험을 하게 된 건 처음이었어요. 선생님도 더 열심히 봐 주었어요.

"혹시 상을 못 타더라도 실망할 필요 없어. 실력이 없어서가 아니라 운이 없었던 거니까."

미술 선생님에게 인정받았다는 사실이 유나는 기뻤어요. 그리고 무엇보다 이번 대회를 맞아 자신이 준비한 스케치가 마음에 쏙 들었습니다. 유나는 대회가 있기 전날까지 틈나는 대로 스케치를 보며 좀 더 고민하고 고치길 반복했어요.

마침내 대회가 있는 날, 유나는 아침 일찍 집을 나섰어요. 학교 정문이 가까워지자 교문 위에 걸린 현수막이 눈에 들어왔어요.

'제21회 독서 감상문·그리기 대회'

대회는 3교시에 시작되었어요.

이미 해 본 적이 있어서인지 종이를 받자마자 시작하는 친구들이 많았습니다. 유나도 선생님이 나눠 주는 흰 종이를 받자마자 스케치를 시작했어요. 집에서 충분히 연습을 했는데도 색칠까지 꼼꼼히 하려니 시간이 여유롭진 않았습니다.

"야, 역시 소율이다."

주혁이가 소율이 그림을 힐끗 보더니 엄지를 치켜들었어요.

"쟨 미술 학원 다니잖아. 진짜 자기 실력이 아니지."

미주의 말에 소율이는 눈을 흘겼어요.

"미술 학원에 다녀서 실력이 좋아지면 자기 실력 아니냐?"

주혁이가 미주를 보며 말했어요.

"대회 때 되면 선생님이 어떻게 그릴지 연습시켜 준다면서? 그게 어째서 실력이야? 선생님 실력이 좀 들어간 거지."

"난 학원에는 가기 싫고, 상은 타고 싶다."

주혁이의 말에 미주는 어이없다며 책상을 쾅쾅 두드리며 웃었어요. 소율이는 기분이 상했는지 고개를 푹 숙인 채 색칠을 하고 있었습니다.

유나는 소율이보다 효정이가 신경 쓰였어요.

'이번에 상 받으면 효정인 8개네. 난 겨우 2개.'

그런 생각을 하니 기운이 빠졌지만, 이내 그림에 집중하기로 했어요.

상을 꼭 받고 싶은 또 하나의 이유는 언니 때문입니다. 연극 이후로 언니는 마치 집에서 주인공이 된 것 같았습니다. 엄마 아빠는 언니가 어른이라도 된 것처럼 집안일도 상의하고, 의견을 구하기도 했어요. 유나가 의견을 말하면 꼬맹이 취급을 하면서 말이에요. 이번에 상을 받으면 부모님도 유나를 조금은 인정해 줄 것 같았습니다.

이런저런 생각을 하며 유나는 색칠까지 꼼꼼하게 정성을 다했습니다. 그래서인지 대회가 끝나자 마음이 편했어요. 시를 베껴 썼던, 마음 불편했던 지난번 대회 때와는 정반대였어요.

"전에는 잘 몰랐었는데 난 그림 그리는 게 참 좋아. 그리다 보면 시간이 금방 가."

수업을 마치고 집에 가는 길에 유나가 말했어요.

"나도 그림이 좋은데. 학원 가는 날이 기다려지고. 우리, 똑같네. 그치?"

효정이가 웃으며 말했어요. 유나도 고개를 끄덕였습니다.

"우리 둘 다 상 받으면 좋겠다. 너만 받으면 질투 날 것 같고, 나만 받으면 미안할 것 같아."

"어머, 나도 똑같은 생각이야."

말은 그렇게 했지만 유나는 좀 뜨끔했어요. 솔직히 자신만 상을 받기 바라는 마음도 있었거든요. 자신만 상을 받는다 해도 효정이보다는 개수가 적다는 생각 때문에요.

'효정이는 나보다 착해.'

유나는 효정이한테 미안한 마음이 들었어요. 효정이가 좋으면서도, 효정이보다 더 잘하고 싶은 마음 때문에 죄책감도 생겼습니다. 제나 언니가 좋으면서도 엄마 아빠의 관심을 다 뺏어 가는 것 같아 질투가 나는 것과 비슷한 마음이었어요.

'하지만 그래도 이왕이면 다른 친구보다 효정이가 상을 타는 게 더 좋아.'

그런 생각을 하자 유나는 마음이 좀 편해졌어요.

그리고 드디어 유나는 상을 받았어요. 효정이도요! 진심을 말하자면, 자신이 상을 받게 된 것이 가장 기뻤어요. 그리고 효정이가 상을 받게 된 건 그다음 기쁨이었지요.

"아! 날아갈 것 같아."

효정이는 기쁨을 감추지 못했어요. 정말 너무너무 좋아했습니다. 상을 못 받은 친구들한테 미안할 정도로 얼굴에서 웃음이 떠나지 않았어요.

피아노 레슨을 받으면서도 유나는, 상 받았다고 좋아하던 효정

이가 떠올라 피식 웃음이 났어요.

'상을 그렇게 좋아하니까 8개나 받았겠지.'

그토록 원하던 상을 받아서인지 유나도 기분이 아주 좋았어요. 이미 피아노 학원에 가는 길에 엄마한테 전화해 피자를 사 주겠다는 약속을 받아 냈어요.

기분 좋게 레슨을 받고 학원에서 나왔을 때였습니다. 건물 앞에 자전거를 탄 효정이가 손을 흔들고 있었어요.

"우리 집에 가자. 엄마가 피자 만들고 있어."

"정말?"

유나는 당장 엄마한테 전화해 승낙을 받았어요. 105동 쪽으로 향하는데 벌써 피자 냄새가 나는 것 같았어요. 입안에 침이 고였습니다.

"피자를 안 사고 직접 만들어?"

"응. 엄마가 만드는 게 더 맛있어."

배가 고파서 혼자 한 판이라도 다 먹어치울 수 있을 것 같았어요. 엘리베이터 안에서도 입에 침이 고였습니다.

"어서 와. 효정이가 맨날 베프라고 말했는데도, 이제야 초대를 하네."

효정이네 엄마가 반겨 주었습니다.

"고맙습니다. 잘 먹겠습니다."

효정이 엄마가 만들어 준 피자는 보기에만 좋은 게 아니라 맛도 정말 뛰어났어요. 사는 것보다 훨씬 부드럽고 고소하고, 한마디로

최고였어요.

실컷 먹고 난 유나는 집에 들어설 때 눈에 띈, 벽 한가운데 붙여 놓은 상장을 보았어요. 바로 오늘 학교에서 탄 상장이었습니다.

"너무 좋아서."

벽에 붙인 상장을 쳐다보는 유나를 보더니 효정이가 웃으며 말했어요.

"학교에서 받은 첫 번째 상장이거든."

"응?"

유나는 깜짝 놀랐어요.

"아, 전학 와서 받은 첫 번째 상?"

유나의 말에 효정이는 고개를 가로저었어요.

"1학년 때는 한 장도 못 탔어."

"너 프로필에 올려 놓은 사진은 뭐야? 거기 상장이 7개나 있던데……."

"인터넷에서 찾아서 붙인 거야."

효정이가 웃으며 말했어요.

"네가 받은 게 아니라고?"

유나는 갑자기 맥이 빠졌어요.

"상을 너무 받고 싶어서 인터넷에서 검색해 보다가 찾은 거야. 우리 친척 모임에 초등학생이 일곱 명이거든. 그중에 2학년이 세 명인데 나만 상을 하나도 못 받은 거 있지? 모임 때마다 서로 상 탔다고 어찌나 자랑을 하는지 눈물이 날 정도로 부럽고 속상했어. 근데 인제 안 부러워. 나도 탔으니까!"

효정이는 너무너무 기쁜 표정으로 말했어요.

"너는 상 받아 본 적 있어?"

"어. 1학년 때 하나."

효정이가 부러워하는 표정으로 고개를 끄덕였어요.

"어쨌든 이사하고 나서 오늘 기분이 최고야. 너하고 같이 상을 받아서 더 좋아. 나만 받았다면 너한테 미안한 마음이 들었을 거야. 그런데 같이 받았으니 너한테도 마음껏 자랑할 수 있어서 정말 좋아."

효정이가 흥분한 듯 웃으며 말했어요. 마치 효정이가 자신의 마음을 표현하는 것 같다고 유나는 생각했어요. 마음속에 스며들던 죄책감도 조금은 사라지는 것 같았습니다.

"다음에도 꼭 같이 상 받으면 좋겠다."

효정이가 말했어요.

"그래. 꼭 같이 받자."

둘은 약속한 듯 잔을 부딪치고 음료를 마셨어요.

맛있는 음식과 시원한 음료, 그리고 마음을 나눌 수 있는 친구와 함께하는 시간. 거기다 상까지 받은 날! 유나에게도 오늘은 정말 최고의 날이었어요.

인문철학 왕 되기

만일 나라면?

난 내 욕심이 제일 중요해.

그렇지만 내 욕심이 다른 사람한테 피해를 끼치면 안 되지 않을까?

내 욕심과 다른 사람의 욕심이 서로 부딪치면 어떡하지?

사람들은 대부분 욕심이 있기 때문에 서로 부딪히는 일이 종종 있단다. 이럴 때는 서로에게 포기를 강요하거나 하지 않고 대화를 통해 해결 방안을 찾는 게 좋단다.

 길에서 큰돈을 발견했다고 생각해 볼까? 이때 '양심' 있게 '욕심' 부리지 않고 취해야 할 행동은 무엇일까?

나의 양심 :

_____

_____

_____ 입니다.

욕심 부리지 않는 행동 :

_____

_____

_____ 입니다.

쓰기활동

욕심쟁이 놀부에게 편지 쓰기

"옛날 어느 마을에 마음씨 고약한 놀부와 마음씨 곱고 아주 착한 동생 흥부 형제가 살고 있었어. 놀부는 아버지가 돌아가시자 물려준 재산을 혼자 독차지하고 동생 흥부를 빈손으로 내쫓았어. 흥부는 처자식과 며칠을 굶다가 하는 수 없이 형 놀부 집에 먹을 것을 구하러 가지. 하지만 매만 맞고 쫓겨 나고 말았어.

그러던 어느 봄날에 흥부는 다리를 다친 제비 다리를 치료해 주었는데, 그 뒤 제비가 물고 온 박씨를 심어서 아주 부자가 되었어. 이 소식을 들은 놀부는 욕심이 났어. 그래서 일부러 제비 다리를 부러뜨리고 치료해 주었지. 역시 제비가 물어 온 박씨를 심었는데, 그 박에서 도둑들이 나와서 놀부 재산을 다 가지고 가 버렸어. 놀부는 제 욕심만 채우려다 망하고 말았지."

이런 욕심 많은
놀부에게 어떤 말을 해 줄 수
있을까? 편지를 한번
써 보자꾸나.

놀부에게

편지지 말고 이곳에 써도 좋아.

200만 부 판매 돌파!

AI시대 미래 토론

과학토론왕

✓ 뭉치북스가 만든 국내 최초 토론책!
✓ 초등 국어
✓ 한국디베이트협회와 교

- 01 함께 사는 로봇
- 02 원시인도 모르는 공룡
- 03 더 멀리 더 높이 더 빨리 스포츠 과학
- 04 까만 우주 속 작은 별
- 05 노벨도 깜짝 놀란 노벨상
- 06 지켜라! 멸종 위기의 동식물
- 07 도로시의 과학 수사대
- 08 살아 있는 백두산
- 09 콜록콜록 오늘의 황사 뉴스
- 10 잇! 이런 발명기, 왜 저런 발명품
- 11 아낄수록 밝아지는 에너지
- 12 과학 Cook! 문화 Cook! 음식의 세계
- 13 과학을 훔친 수상한 영화관
- 14 끝없이 진화하는 무서운 전염병
- 15 지구 온난화와 탄소배출권
- 16 먹을까? 말까? 먹거리 X파일
- 17 우리 몸을 흐르는 피와 혈액형
- 18 진짜? 가짜? 가상현실과 증강현실
- 19 두근두근 신비한 우리 몸속 탐험
- 20 우리를 위협하는 자연재해
- 21 봄? 가을? 경계가 모호해지는 사계절
- 22 세균과 바이러스 꼼짝 마! 약과 백신
- 23 생태계의 파괴자? 외래 동식물
- 24 꽐꽐꽐~ STOP!!! 우리나라도 위험해요. 소중한 물
- 25 오늘도 나쁨! 작아서 더 무서운 미세먼지
- 26 식량 위기에서 인류를 구할 미래 식량
- 27 썩지 않는 플라스틱! 지구와 인간을 병들게 하는 환경 호르몬
- 28 나와 똑같은 또 다른 나, 인간 복제
- 29 미래의 디지털 첨단 의료
- 30 땅속 보물을 찾아라! 지하자원과 희토류
- 31 농사일부터 우주 탐사까지, 미래는 드론 시대
- 32 알쏭달쏭 미지의 세계, 뇌
- 33 얼마나 작아질까? 어디까지 발달할까? 나노 기술과 첨단 세계
- 34 찾아라 생명체가 살 수 있는 또 다른 별, 제2의 지구
- 35 배울수록 더 강해지는 인공 지능
- 36 창조론이냐? 진화론이냐? 다윈이 들려주는 진짜진짜 진화론
- 37 모두모두 소중한 생명! 멈춰요 동물 실험
- 38 유해할까? 유용할까? 생활 속 화학물질
- 39 46억 년의 비밀, 생명을 살리는 지구
- 40 과학자가 가져야 할 덕목, 과학자 윤리와 책임

이 공부다!
인재를 위한 교과서

과학토론왕
과학토론왕 40권 + 독후활동지 40권
전 80종 / 정가 580,000원

사회토론왕
사회토론왕 40권 + 독후활동지 40권
전 80종 / 정가 580,000원

- 한우리 추천도서
- 경향신문 추천도서
- 경기도 초등토론 교육연구회 추천
- 경기도 지부 독서 골든벨 선정도서
- 환경정의 어린이 환경책 권장도서
- 한국 아동문학인협회 우수도서
- 학교도서관 사서협의회 추천도서

✓ 활용 만점 독후 활동지 각 권 제공!
서 선정 도서! 문가들이 강력 추천한 책!

- 01 우리 땅 독도
- 02 생활 속 24절기
- 03 세계를 담은 한글
- 04 정정당당 선거
- 05 우리의 유네스코 세계 유산
- 06 좋아? 나빠? 인터넷과 스마트폰
- 07 함께라도 좋아! 우리는 가족
- 08 한민족, 두 나라 여기는 한반도
- 09 너도 나도 똑같이 생명 존중
- 10 돈 나와라 뚝딱! 경제 이야기
- 11 시끌벅적 지구촌 민족 이야기
- 12 앗! 조심해! 나를 지키는 안전 교과서
- 13 바람 잘 날 없는 지구촌 국제 분쟁
- 14 믿음과 분쟁의 역사 세계의 종교
- 15 인공 지능으로 알아보는 미래 유망 직업
- 16 지역 이기주의 님비 현상
- 17 더불어 사는 다문화 사회
- 18 함께 사는 세상 소중한 인권
- 19 세상을 사로잡은 문화 콘텐츠 한류
- 20 변치 않는 친구 반려동물
- 21 왕따는 안 돼! 우리는 소중한 친구
- 22 여자? 남자? 같은 것과 다른 것! 성과 양성평등
- 23 모두가 행복한 착한 초콜릿, 아름다운 공정 무역
- 24 우리는 이웃사촌! 함께 사는 사회
- 25 틀린 게 아니라 다른 거라고? 글로벌 에티켓
- 26 신통방통 지혜가 담긴 우리의 세시 풍속과 전통 놀이
- 27 출발, 시간 여행 유네스코 세계 문화유산
- 28 아이는 줄고! 노인은 늘고! 달라지는 인구
- 29 우리는 하나! 세계로! 미래로! 통일 한국
- 30 레벨업? 셧다운? 슬기로운 게임 생활, 벗어나요 게임 중독
- 31 살아 있어 행복해! 곁에 있어 고마워! 소중한 생명
- 32 나도 크리에이터! 시끌벅적 1인 미디어 세상
- 33 뚜아뚜이별의 법을 부활시켜라! 생활 속 법 이야기
- 34 하늘·땅·바다 어디서나 조심조심! 어린이를 위한 교통안전
- 35 함께 만들어요! 함께 누려요! 모두의 사회 복지
- 36 위아더월드, 도움의 손길이 필요해요. 세계 빈곤 아동
- 37 환경 덕후 오층사가 간다, 지켜라! 지구 환경
- 38 전쟁 NO! 평화 YES! 세계를 이끄는 힘, 국제기구
- 39 더 멀리, 더 빠르게! 미래 교통과 통신
- 40 알아서 척척, 똑똑한 미래 도시, 꿈의 스마트 시티

뭉치수학왕

수학이 쉬워지고, 명작보다 재미있는

100만 부 판매 돌파!

"인공지능(AI) 시대의 힘은 수학에서 나온다!"

개념 수학

〈수와 연산〉
1. 양치기 소년은 연산을 못한대
2. 견우와 직녀가 분수 때문에 싸웠대
3. 가우스, 동화 나라의 사라진 0을 찾아라
4. 가우스는 소수 대결로 마녀들을 물리쳤어
5. 앨런, 분수와 소수로 악당 히들러를 쫓아내라
6. 약수와 배수로 유령 선장을 이긴 15소년

〈도형〉
7. 헨젤과 그레텔은 도형이 너무 어려워
8. 오일러와 피노키오는 도형 춤 대회 1등을 했어
9. 오일러, 오즈의 입체도형 마법사를 찾아라
10. 유클리드, 플라톤의 진리를 찾아 도형 왕국을 구하라
11. 입체도형으로 수학왕이 된 앨리스

〈측정〉
12. 쉿! 신데렐라는 시계를 못 본대

13. 알쏭달쏭 알라딘은 단위가 헷갈려
14. 아르키는 어림하기로 걸리버 아저씨를 구했어
15. 원주율로 떠나는 오디세우스의 수학 모험

〈규칙성〉
16. 떡장수 할머니와 호랑이는 구구단을 몰라
17. 페르마, 수리수리 규칙을 찾아라
18. 피보나치, 수를 배열해 비밀의 방을 탈출하라
19. 비례배분으로 보물섬을 발견한 해적 실버

〈자료와 가능성〉
20. 아기 염소는 경우의 수로 늑대를 이겼어
21. 파스칼은 통계 정리로 나쁜 왕을 혼내 줬어
22. 로미오와 줄리엣이 첫눈에 반할 확률은?

〈문장제〉
23. 개념 수학—백점 맞는 수학 문장제①
24. 개념 수학—백점 맞는 수학 문장제②
25. 개념 수학—백점 맞는 수학 문장제③

융합 수학
26. 쌍둥이 건물 속 대칭축을 찾아라(건축)
27. 열차와 배에서 배수와 약수를 찾아라(교통)
28. 스포츠 속 황금 각도를 찾아라(스포츠)
29. 옷과 음식에도 단위의 비밀이 있다고?(음식과 패션)
30. 꽃잎의 개수에 담긴 수열의 비밀(자연)

창의 사고 수학
31. 퍼즐탐정 썰렁홈즈①—외계인 스콜피오스의 음모
32. 퍼즐탐정 썰렁홈즈②—315일간의 우주여행
33. 퍼즐탐정 썰렁홈즈③—뒤죽박죽 백설 공주 구출 작전
34. 퍼즐탐정 썰렁홈즈④—'지지리 마란드러' 방학 숙제 대작전
35. 퍼즐탐정 썰렁홈즈⑤—수학자 '더하길 모테'와 한판 승부
36. 퍼즐탐정 썰렁홈즈⑥—설국언차 기관사 '어러도 달리능기라'
37. 퍼즐탐정 썰렁홈즈⑦—해설 및 정답

수학 개념 사전
38. 수학 개념 사전①—수와 연산
39. 수학 개념 사전②—도형
40. 수학 개념 사전③—측정·규칙성·자료와 가능성

독후 활동지

본책 40권 + 독후 활동지 7권
정가 580,000원